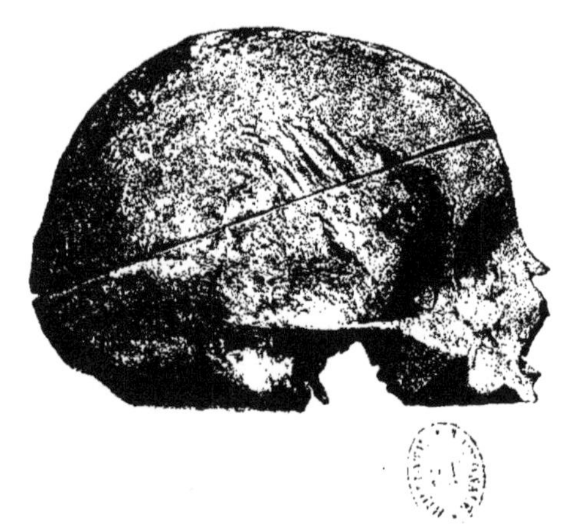

TÊTE DE Mme GUYON.

NOTICE

SUR LA

TÊTE DE MME GUYON

LECTURE FAITE A LA RÉUNION DE LA SOCIÉTÉ DES BELLES-LETTRES

Séance du 2 novembre 1888

Par M. DESNOYERS

DIRECTEUR DU MUSÉE HISTORIQUE,
MEMBRE DE LA SOCIÉTÉ DES BELLES-LETTRES,
DE LA SOCIÉTÉ ARCHÉOLOGIQUE, DES ANTIQUAIRES DE FRANCE
ET AUTRES SOCIÉTÉS SAVANTES

ORLÉANS
H. HERLUISON, LIBRAIRE-ÉDITEUR
17, RUE JEANNE-D'ARC, 17

—

1889

IMP. GEORGES JACOB, — ORLÉANS.

NOTICE

SUR

LA TÊTE DE MME GUYON

Lecture faite à la réunion de la Société des Belles-Lettres.

Séance du 2 novembre 1888.

Messieurs,

C'est avec quelque peu d'hésitation que j'aborde le sujet dont je vais vous entretenir ; il a été si sérieusement, si magistralement traité par l'un de mes collègues, que le mettre de nouveau au jour vous paraîtra, je crois, quelque peu téméraire. Mais M. Guerrier, le remarquable écrivain de la *Vie de Mme Guyon*, me permettra d'entrer dans le champ qu'il a si habilement moissonné, pour y glaner quelques épis dont je serai ensuite heureux de lui faire hommage.

Dans une note placée à la page 404 de son ouvrage (1), M. Guerrier dit que je suis possesseur de l'épitaphe et

(1) *Mme Guyon, sa vie, sa doctrine et son influence.*

du crâne de Mme Guyon; le fait est vrai, et c'est l'histoire de cette possession que je vais, Messieurs, vous
raconter, afin que l'authenticité de ce double petit
trésor soit certaine, et force me sera bien ensuite d'ac-
compagner ce récit de quelques réflexions inévitables.

J'ai dit, Messieurs, les mots petit trésor, et je les jus-
tifierai après vous avoir donné tous les détails qui
prouvent, avec le dernier jour, que la tête de la célèbre
Mme Guyon est bien réellement entrée dans les mains
de votre collègue.

Vous savez, Messieurs, que la Société de Saint-Sulpice, appelée par Mgr Fleuriau d'Armenonville à diriger
le Grand Séminaire d'Orléans, le gouverna jusqu'en
1792, époque à laquelle l'ouragan révolutionnaire chassa
les Sulpiciens; vous n'ignorez pas que la Compagnie
de Saint-Sulpice conserva toujours pour la mémoire
de Fénelon un attachement religieux; il lui avait été
transmis par l'un de ses plus remarquables Supérieurs.
C'est à Issy, maison de campagne de Saint-Sulpice,
que se tinrent, durant une année, entre Bossuet,
l'évêque de Châlons Mgr de Noailles, et M. Tronson
supérieur général de la Compagnie, les célèbres Confé-
rences sur la doctrine de Mme Guyon patronnée par
Fénelon ; les rapports de l'archevêque de Cambrai avec
la Maison de Saint-Sulpice ne discontinuèrent pas,
malgré sa disgrâce par Louis XIV et la condamnation
de son ouvrage par le Pape Innocent XII, et le respect

de Saint-Sulpice pour Fénelon s'étendit quelque peu sur la personne de Mme Guyon, dont la vie avait été si mêlée à celle de l'archevêque de Cambrai (1).

Or, parmi les Sulpiciens qui dirigeaient le Grand Séminaire d'Orléans, se trouvait M. Desparins, économe de la Maison. Lorsqu'il fallut en sortir, pour mettre en sûreté d'abord sa conscience et son honneur par le refus du serment schismatique, et, plus tard, en 1793, défendre sa vie contre les persécutions sanglantes de la Convention, M. Desparins ne voulut pas recourir, comme plusieurs de ses confrères, au départ pour les pays étrangers, et il se cacha dans une famille orléanaise, la famille Seurrat de Moret, où, jusqu'au retour de l'ordre, il exerça secrètement les fonctions du ministère sacerdotal. Il eut, dans cet intérieur, l'occasion fréquente de voir une famille qui profitait du ministère invisible de M. Desparins : cette famille était celle de Mme Guyon, à laquelle la branche de Guercheville s'attachait de bien près (2) ; il sut donc, par suite de ses relations fréquentes avec cette famille de Guercheville, qu'elle possédait la tête de Mme Guyon, inhumée à Blois après une autopsie qui démontra un désordre général dans l'organisation, excepté dans le cœur et dans le

----

(1) La *Vie de Fénelon*, par le cardinal DE BAUSSET, a été rééditée et annotée par M. GOSSELIN, Sulpicien, supérieur du Séminaire d'Issy.

(2) GUERRIER.

cerveau (1). Il ne faut pas s'étonner, Messieurs, que la famille et les amis de Mme Guyon aient voulu faire étudier l'organisme de cette femme devenue célèbre par ses écrits, ses défenses contre des adversaires remarquables et ses longs malheurs ; ce n'était pas une femme ordinaire, et l'autopsie était commandée : elle eut lieu, et pour monument de cette opération, ainsi que comme souvenir de son illustre parente, la famille Guyon de Guercheville en conserva la tête, qu'elle regardait comme l'honneur de ceux qui portaient son nom.

Le temps affaiblit tout, Messieurs, a dit le poète : *Omnia fert ætas, animum quoque* (2). C'est une des grandes infirmités de la nature humaine de ne pouvoir conserver de longues années la fidélité au souvenir et le culte des morts les plus chers et les plus honorés. De l'année 1717, où mourut Mme Guyon, à 1792, époque où se cacha M. Desparins, soixante-trois ans s'étaient écoulés ; le bruit retentissant fait autour de Mme Guyon s'était successivement apaisé ; les grands batailleurs étaient descendus dans le froid silence du tombeau ; Bossuet, Fénelon, Louis XIV, dormaient de ce sommeil qui laisse à tout jamais le pouvoir, la parole, la plume, brisées et muettes. Puis, les querelles du Jansénisme

(1) GUERRIER.
(2) VIRGILE, 9e églogue.

avaient enseveli celles du Quiétisme ; il n'est donc pas étonnant que la famille Guyon eût perdu la vive mémoire de sa parente et attaché une légère importance à la possession de ses restes. M. Desparins en attachait une plus forte : il fit donc à la famille de Guercheville la demande de la tête gardée, encore soigneusement, mais avec une certaine indifférence ; elle lui fut accordée, et on y joignit l'épitaphe, gravée sur cuivre, provenant du tombeau de Mme Guyon, qui avait été inhumée dans le cloître de la chapelle de la Communauté des Récollets de Blois. Lorsque les tombeaux furent, en France, à l'époque de 1793, audacieusement violés sous le prétexte menteur de couler des balles contre les ennemis de la patrie, avec le plomb des cercueils, les ossements de Mme Guyon furent jetés au vent et son épitaphe arrachée ; mais une main adroite la recueillit et elle alla secrètement rejoindre la tête.

En 1801, le calme revint dans le Gouvernement de la France ; la liberté des croyances et des habitudes religieuses ne furent plus un vain nom ; les Communautés se réunirent après une interruption de huit années ; les Ursulines d'Orléans, chassées en 1792 de leur ancienne demeure, aujourd'hui la prison, vinrent demeurer auprès de l'église de Saint-Aignan, et M. Desparins fut nommé leur aumônier et logea dans un bâtiment séparé de la Communauté. Avec la vieillesse

arrivèrent les infirmités, et M. Poirée, directeur du
Petit Séminaire, en 1829, fut appelé à lui succéder.
M. Poirée aimait les choses curieuses, et il demanda à
M. Desparins, avec lequel il s'était lié, la tête de
Mme Guyon. M. Desparins, se voyant approcher de la fin
de sa vie, ne crut pas pouvoir faire un meilleur choix
pour la conservation de son précieux objet que de le
remettre aux mains d'un ami partageant ses pensées.
Il ne se trompait pas, car à M. Poirée, qui conserva
soigneusement la célèbre tête, succéda un autre gardien
qui devait, à tout jamais, assurer sa conservation, et
ce gardien, Messieurs, c'est l'écrivain de ces lignes.
M. Poirée avait fait mon éducation et des liens d'affec-
tueuse reconnaissance m'unissaient à cet excellent
homme, qui, durant dix-sept ans, a formé dans l'ancien
Petit Séminaire une nombreuse et vaillante génération
de travailleurs pour le diocèse. Votre collègue, Messieurs, jeune encore, avait déjà le goût des choses pas-
sées, croyant qu'il y a là des leçons charmantes et des
enseignements sérieux. Il témoigna donc à son ancien
maître, qui était son ami, le désir de posséder la tête
de Mme Guyon ; il l'obtint sans peine, et il la plaça
triomphant dans ses collections orléanaises. Trente-cinq
ans s'écoulèrent sans que j'aie pensé à me demander si
je ne devais pas mettre en sûreté cet objet d'une incon-
testable valeur au double point de vue et de l'histoire
du XVIIe siècle et de notre histoire orléanaise ; mais un

jour arriva où l'accumulation des années m'avertit que j'avais ce devoir à remplir, et je pensai que le Musée historique pouvait être, pour toujours, le lieu de repos de cette tête qui avait déjà fait quatre dangereux voyages. Je la fis sortir de la boîte grossière qui la contenait, la plaçai dans un petit monument digne de son passé, et lui ouvris les portes du Musée historique, où, j'espère qu'elle n'aura plus à craindre les incuries de l'ignorance, le mépris du faux-savoir et les erreurs d'un respect exagéré.

Vous connaissez maintenant, Messieurs, l'histoire irrécusable de la tête de Mme Guyon ; les détails de son authenticité sont à l'abri de toute hésitation, je ne connais pas de fait plus certain ; il me reste maintenant, comme je m'y suis engagé en commençant cette lecture, à justifier les mots de *petit trésor* que j'ai employés en parlant de cette tête.

Pour juger, Messieurs, une question sérieusement, à son vrai point de vue, il faut se transporter à l'époque où les évènements ont eu lieu, voir la nature des esprits, leurs pensées, leurs habitudes, et c'est pour manquer à cette règle si simple et si rare d'un jugement équitable que les questions les plus graves sont résolues faussement par plusieurs historiens, gens de valeur sans doute, mais qui, insuffisamment réfléchis, propagent ainsi les erreurs en égarant l'opinion. Nous allons suivre cette règle, Messieurs, pour apprécier sûrement le combat si vif, si long, entre Bossuet et Fénelon, à propos de Mme Guyon, et la bien juger elle-même. Je n'ignore pas qu'avec nos idées du XIXe siècle et les dispositions générales des esprits, nous ne comprenons pas que l'idée religieuse, les questions surnaturelles, aient pu produire au XVIIe siècle une si grande agitation, et que les âmes les plus élevées aient été remuées dans toute leur profondeur par des questions toutes spirituelles, aient mis leur intelligence et leur génie au service de doctrines abstraites, sans action sur la perfectibilité de la vie sociale, étrangères à ce que nous appelons le positivisme de l'existence ; mais encore une fois il faut savoir se séparer courageusement de son siècle, retourner franchement dans le passé, en prendre la vie, si l'on veut juger sainement une question ; et c'est ce que nous allons faire pour bien juger Bossuet, Fénelon, Mme Guyon, Louis XIV, Mme de Maintenon et les remarquables esprits qui ont eu part aux combats engagés pour les opinions de cette femme qui a été et restera célèbre.

A l'époque où elle vécut, Messieurs, les pensées religieuses dominaient toutes les intelligences, les doctrines surnaturelles étaient regardées comme les plus importantes et les sociétés humaines reposaient entièrement sur elles : ce qu'on ne veut pas aujourd'hui. Après avoir gouverné le moyen âge sans contradictions bien sérieuses, avoir fondé et dirigé les États, elles arrivèrent

au XVIe siècle, où une opposition violente se dressa
contre leur puissance. Notre indépendance naturelle
voulut détruire la domination qui l'humiliait ; mais telle
fut la force des habitudes entrées dans les âmes depuis
de longs siècles, que les sociétés s'armèrent pour défendre leurs antiques croyances ; elles étaient pour elles
le premier de tous les biens, leur patrimoine hérédi-
taire, leur honneur et leur vie ; telle fut la cause prin-
cipale du sang qui coula dans l'Europe, et quand le
XVIIe siècle arriva, la société française était encore
tout émue des querelles sanglantes de son prédéces-
seur, et regardait comme un de ses plus grands devoirs
l'intégrité de l'enseignement des choses religieuses. Les
bouleversements causés par le Protestantisme, les agi-
tations produites par le Jansénisme, ont eu principale-
ment cette origine, et, tout en admettant les motifs
politiques, il faut les placer au second rang. Telle a
donc été également la source du bruit si éclatant qui
s'est fait autour de la doctrine professée par Mme Guyon
dans les trente volumes de ses écrits, traitant tous de
ce qu'il y a de plus élevé tout à la fois et de plus pro-
fond dans la science religieuse et même philosophique :
les rapports de l'âme avec Dieu ; car voilà, Messieurs,
toute la question du Quiétisme ou Amour pur. Cette
question, dégagée des nuages que le faux savoir ou la
mauvaise foi ont jetés sur elle, est fort simple et doit
éveiller, dès le premier coup d'œil, l'attention de tout

esprit sérieux, puisqu'il ne s'agit là de rien moins que de ce qu'il y a de plus élevé dans l'idée de l'être, de celui qui est essentiel, Dieu, et de celui qui est sa brillante manifestation, l'homme; et si on n'est pas un esprit frivole, superficiel ou aveuglé par une cause quelconque, souvent inavouable, on ne peut se refuser à dire que cette question se pose inévitablement devant la saine raison et l'intéresse au plus haut point. La solution de cette question a toujours frappé l'âme humaine, elle est toujours entrée dans les écoles philosophiques du Paganisme lui-même, les génies de la Grèce l'ont étudiée avec persévérance ; Platon est surtout magnifique quand il parle de Dieu et de l'âme. Avant lui, les savants de l'Asie, de la Phénicie, de l'Égypte, l'avaient approfondie ; les grands écrivains de Rome y avaient consacré et leurs réflexions et leurs enseignements, et on peut dire que dans l'histoire du monde chaque siècle, jusqu'au nôtre, n'a été que l'écho retentissant du cri d'admiration, pour Dieu et l'âme, jeté par le premier qui les regarda et voulut les pénétrer.

Ne soyons donc pas étonnés, Messieurs, que dans ce siècle si justement appelé de Louis XIV, la famille de ces âmes incomparables qui s'appellent Malebranche, Leibnitz, Descartes, Bossuet, Fénelon, se soit occupée ardemment, infatigablement, des questions qui ont remué le monde depuis son origine et ne se tairont qu'au jour où il disparaîtra. Encore une fois, Messieurs, notre froideur, ce que nous appelons si fièrement mais si follement notre positivisme, ne comprennent pas ces choses ; mais quand elles sont comprises et traitées par les maîtres de la science, par des hommes devant lesquels il faut cependant s'incliner, il est raisonnable d'admettre que ces doctrines ne sont pas un égarement d'études, une faiblesse de jugement, et que Bossuet et Fénelon pouvaient s'y intéresser, les étudier avec amour, les traiter avec soin et s'en faire un champ de longues et ardentes discussions.

Voilà, Messieurs, les deux points de vue où il faut se placer pour bien juger la cause attaquée par Bossuet, défendue par Fénelon, et, avec lui, par Mme Guyon. Le siècle où vivaient ces personnages et la gravité de la question mise en jeu expliquent la grandeur de la polémique, et jettent un jour brillant sur la femme autour de laquelle combattaient de tels rivaux.

Mme Guyon n'était pas d'ailleurs, Messieurs, une femme ordinaire, et quand on voit l'ascendant qu'elle avait exercé sur un esprit aussi fin et délicat, une intelligence aussi déliée que celle de Fénelon, il faut bien accorder à M^{mr} Guyon une valeur peu commune. Cet ascendant, au reste, ne discontinua pas après la condamnation, par le Souverain-Pontife, de la doctrine de cette femme ; Fénelon interrompit, sans doute par sagesse, ses relations avec elle, mais il conserva toujours

son estime pour la bonté de son âme et la droiture de
sa conduite (1). Bossuet, lui-même, tout en combattant
les erreurs de pensée de Mme Guyon, a toujours reconnu,
et même devant l'assemblée du Clergé de France, en
1700, l'innocence de Mme Guyon ; les auteurs contemporains disent qu'il était difficile d'avoir plus d'esprit et
de mieux parler des choses de Dieu (2), et Mme de Maintenon, elle-même, malgré son caractère réservé et
méfiant par suite de sa longue expérience des hommes
à la Cour de Louis XIV, s'était d'abord laissé subju-
guer par les charmes de Mme Guyon. Ajoutons que les
familles de Beauvilliers, de Chevreuse, de Béthune,
de la Maison-Fort, où se trouvaient réunis la haute
vertu, l'esprit et l'intelligence, au témoignage de Saint-
Simon, — et il n'est pas suspect, — subirent l'ascendant de Mme Guyon et lui restèrent attachées jusqu'à
leur mort.

Voilà, pensons-nous, autour de cette personne, assez
d'appréciateurs sérieux pour affirmer qu'elle sortait
des rangs vulgaires et qu'elle occupa justement l'attention du XVIIe siècle, qui fut, néanmoins, si fécond
en célèbres personnages.

Lorsque deux âmes se rencontrent et exercent mu-
tuellement sur elles une action de longue durée, il est

(1) GUERRIER, p. 489.
(2) D'AVRIGNY, Mém. chron., octobre 1691.

intéressant d'en rechercher la causé. Voyons donc maintenant quel a pu être le motif de l'attrait réciproque de Mme Guyon et de Fénelon.

Commençons d'abord par écarter, avec une fermeté indignée, les soupçons injurieux que l'ignorance ou la méchanceté pourraient jeter sur leur mémoire. L'innocence de Mme Guyon a toujours été reconnue par ses plus ardents contradicteurs, et si la pureté de son âme eût porté des taches, la pénétration du regard d'aigle de Bossuet, la limpidité du regard de cygne de Fénelon, l'eussent aperçu : tous les deux l'ont vue de près et longtemps, et, malgré les quelques affinités de la doctrine de Mme Guyon avec le faux et dangereux Quiétisme, malgré ses rapports imprudents avec un des chefs de cette détestable doctrine, elle est restée pure et sans atteinte dans l'intégrité de son âme. Mme Guyon était douée d'une imagination vive et même poétique, car elle a composé des vers qu'on peut lui envier (1), d'une piété tendre, d'une parole séduisante. Nous retrouvons ces précieuses qualités dans l'âme de Fénelon ; cela doit donc naturellement expliquer les sympathies entre deux âmes possédant les mêmes aptitudes, le même caractère et surtout, ce qui unit le plus étroitement les âmes, le même besoin d'étudier et de posséder l'Être qui, seul, est parfait, qui est la cause unique et la fin

____

(1) GUERRIER.

nécessaire de l'existence : Dieu ! Et lorsque Dieu, Messieurs, sert d'intermédiaire entre deux âmes, quand elles se rencontrent en lui et qu'il les unit, alors le lien qui se forme se fait vite et il ne se rompt plus, car la pureté et la perpétuité sont le caractère des œuvres divines, son travail est sans égal.

On doit également comprendre que Bossuet et Mme Guyon n'avaient pu s'attirer et établir quelque lien entre leurs âmes. Sans doute, et cela doit être remarqué dans l'intérêt de l'innocence de Mme Guyon, lorsque Bossuet fit la première lecture des ouvrages de cette femme, il les trouva remplis d'une lumière et d'une onction extraordinaires (1) ; mais ce jugement ne venait pas de la nature de son âme et de ses tendances ascétiques ; il jugeait, mais ne sympathisait pas. Vigoureuse, élevée, aimant comme l'aigle à planer dans les vastes régions, dominatrice de l'imagination, ne connaissant point ou peu les délicatesses du sentiment, l'âme de Bossuet ne pouvait entrer doucement dans celle d'un autre, et, bien que durant plusieurs années il eût été attaché à Fénelon, et qu'il eût même été son consécrateur pour l'archevêché de Cambrai, il était resté lui-même et Fénelon également, l'un le génie de la raison et de la foi, l'autre celui du sentiment et de la délicatesse. Et voilà ce qui a rendu si belle, si retentis-

(1) *Histoire de Fénelon*, t. Ier, p. 326.

sante, je ne dis pas la querelle, — ce mot n'appartient qu'aux esprits vulgaires, — mais la discussion entre ces deux écrivains. Aux mêmes moments où Louis XIV faisait retentir l'Europe du bruit de ses armes triomphantes, Bossuet et Fénelon ébranlaient le monde chrétien par leurs admirables écrits ; Turenne, Condé, Catinat, étonnaient les empires par la science de leur stratégie et la vaillance de leur épée ; Bossuet et Fénelon, sans les faire oublier, fixaient l'attention des universités, des savants, des polémistes, des philosophes et de Rome elle-même, par la profondeur de la science, l'habileté de la discussion. Durant cinq années, la joûte fut digne des deux combattants, les armes furent égales, les combats sans défaite, et quand il devint nécessaire que Rome donnât la victoire, Innocent XII hésita longtemps : le respect qu'il portait aux deux adversaires arrêtait sa parole, et il fallut toute l'insistance de Louis XIV et celle de l'odieux neveu de Bossuet pour déterminer le Souverain-Pontife à donner enfin ·publiquement gain de cause à l'évêque de Meaux.

C'est ici, Messieurs, qu'il faut étudier Fénelon pour le bien connaître et avoir le droit de dire que, pour qu'un tel homme ait donné son estime à Mme Guyon, il devait avoir aperçu en elle une âme presque à la hauteur de la sienne, non pas pour le savoir, sans doute, et le génie littéraire, mais pour la vertu et la vraie grandeur, qui consiste surtout dans la science de ce qu'il y a de plus grand : Dieu et notre âme !...

Transportons-nous à Cambrai, dans le palais archi-épiscopal. Après les longues et anxieuses attentes de l'incertitude, Fénelon apprend que le Pape a condamné son ouvrage ; voyez-le aussitôt prendre tranquillement sa plume et, dans un Mandement adressé à tous les fidèles de son diocèse, entendez-le déclarer qu'il accepte sans restriction le jugement pontifical, et défend la lecture de son livre condamné, *Les Maximes des Saints*. Il y a loin, Messieurs, de cette admirable conduite à la scène de 1520, à Wurtemberg, où un trop célèbre personnage, condamné, lui également, par un Souverain-Pontife, Léon X, n'écoutant que son orgueilleuse colère, jeta publiquement dans les flammes la bulle de sa condamnation. Mais ce ne fut pas assez pour Fénelon de courber son génie sous la parole de Rome, il fit plus encore, et cette fois il ne pouvait faire davantage : il commanda, et il fut exécuté, un ostensoir en or représentant un personnage symbolique : la Foi, debout, tenant le cercle de la sainte Hostie et foulant aux pieds le livre condamné de Fénelon (1).

Lorsqu'une âme, Messieurs, pousse jusqu'à cet incomparable héroïsme la soumission et l'oubli de la pensée de toute une vie, cette âme est plus grande dans

(1) *Vie de Fénelon,* par BAUSSET.

sa défaite qu'elle ne l'eût été dans la victoire. Bossuet
fut le vainqueur, sans doute ; mais le vaincu s'appelle
Fénelon, et à tout jamais son nom rayonnera dans
l'impérissable admiration de la postérité ; elle donnera
des lauriers à Bossuet, il les mérite, mais elle érigera
des monuments à son immortel contradicteur. Laissons
donc Saint-Simon, cet écrivain qui n'estimait les
hommes que par leurs quartiers de noblesse et trempa
si souvent sa plume dans l'âcreté, la jalousie et l'exagération, tracer de Fénelon un portrait où, tout en étant
forcé de rendre hommage à quelques bonnes qualités, il
le peint sous des couleurs flétrissantes et mensongères ;
laissons également les esprits superficiels le ranger
parmi les illuminés et les rêveurs ; laissons la fausse
école philosophique le compter parmi les praticiens de
l'indifférence religieuse ; sachons dégager cette noble
figure des nuages injurieux placés sur elle : pour nous,
Fénelon sera toujours l'écrivain inimitable, le penseur
délicat, l'homme droit, sincère, l'évêque irréprochable.
Il s'est trompé, sans nul doute, mais il y a, Messieurs,
des erreurs qui ne sont que l'exagération du vrai, l'il-
lusion du cœur : telle fut l'erreur de Fénelon, et en
admirant sa mémoire on ne fait que rendre justice à
l'un des plus grands hommes de ce XVIIe siècle où
néanmoins il y en eut tant !

J'ai dû, Messieurs, m'étendre sur l'étude de Fénelon,
car elle tient de très près à celle de Mme Guyon, et pour

se former un jugement équitable sur elle, il fallait connaître son chaleureux défenseur. La droiture et plus encore la candeur limpide de Fénelon étaient incapables de défendre une cause criminelle et une accusée indigne ; jamais Fénelon n'eût couvert de son intelligence et de sa haute vertu celle qu'il a cependant défendue durant longues années. Un tel homme ne pouvait descendre à ce degré de coupable bassesse ; et s'il a donné à Mme Guyon l'appui de son talent et de sa vertu, c'est qu'elle était digne de son estime. Le tort de Mme Guyon a été d'avoir écouté le pieux enthousiasme de son imagination et l'ardeur mal contenue d'une piété qui l'a égarée dans les voies du faux ascétisme : c'est une voie où il faut marcher avec grande sagesse, car il s'agit des profondeurs infinies de Dieu, et la déviation y est facile ; Mme Guyon voulut y marcher sans discrétion, à la lumière souvent trompeuse du cœur et de la pénétration naturelle ; son langage est donc devenu inexact, téméraire, répréhensible, et sa condamnation a été juste : l'Église de Dieu est la gardienne du vrai ; et quand il s'agit de la vérité, les considérations humaines disparaissent, les personnes ne sont rien, la vérité est tout ; car la vérité, c'est Dieu ! Encore une fois, le tort est certain ; mais il est seul, le reste a la pureté du cristal...

Après avoir, vous le comprenez, Messieurs, vu et

examiné souvent la tête de Mme Guyon, étudié son histoire, je me suis demandé s'il ne serait pas possible de
trouver dans la conformation du crâne une indication
du caractère, une expression saisissable de l'âme de
cette femme célèbre, car son crâne ne me semblait pas
de forme commune.

Il est loin de ma pensée, Messieurs, de vous conduire
avec moi dans la discussion du système phrénologique,
à la suite de Gall, Spanheim, Vimont, Broussais et autres ; de vous promener dans les quarante-deux régions
de notre cerveau, pour y voir nos facultés morales
engendrées directement par ces régions et dépendant
d'elles ; disons tout de suite que s'il n'est pas rationnel
d'enseigner que l'intelligence provient de la matière et
si la droite philosophie n'admet pas qu'un agent soit
esclave de l'instrument dont il se sert, il n'est pas
moins raisonnable d'avouer que l'organisation cérébrale exerce sur nos facultés mentales une influence
réelle. L'étude des actions humaines le démontre, et le
système phrénologique, ainsi entendu, s'éloigne tout à
la fois et de l'abject matérialisme et de l'indépendance
entière de l'âme de l'organisation de son corps. Nous
entrons ainsi dans l'admirable sagesse du Créateur,
qui, en associant ensemble, par un lien sans égal, ces
deux substances, a voulu que cette union fût réelle,
non pas en les confondant, mais en leur attribuant une
action réciproque qui est la manifestation de leur

intime alliance. Nous échappons à ce ridicule parquement de nos admirables facultés spirituelles et de leur dénomination plus ridicule encore, que l'on ne peut prononcer sans sourire et la reléguer parmi les jargons de l'insanité (1).

Maintenant que nous avons fait de prudentes réserves, examinons le crâne de Mme Guyon et voyons s'il ne porterait pas quelques traces de l'âme qui y demeurait.

Lorsqu'on veut parler avec sûreté d'une science qui, sans nous être étrangère, ne nous est cependant pas personnelle, il est sage de recourir aux lumières des personnes qui ont cultivé cette science ; on évite ainsi ou le ridicule de l'erreur ou l'insuffisance du travail. J'ai donc fait taire mes premières impressions, et prenant mon crâne, c'est-à-dire celui de Mme Guyon, je le portai sous les yeux de deux habiles praticiens dont l'un, après m'avoir donné sa première pensée, eut la modestie rare de me conseiller de recourir au jugement d'un autre collègue qui lui inspirait grande confiance. L'étude de ce savant, faite devant moi, a été longue, patiente et fort sérieuse, et, après avoir constaté que le crâne avait été scié en deux parties, inhabilement,

---

(1) *Concentravité*, ce qui veut dire instinct social ; *adhésivité*, ce qui veut dire amitié ; *combativité*, ce qui veut dire penchant aux querelles ; *sécrétivité*, ce qui veut dire savoir-faire ; *constructivité*, ce qui veut dire talent de l'architecture, etc.

de manière ce qu'il a perdu quelque chose de sa hauteur primitive et que l'emboîture est devenue difficile, mais que les deux portions appartiennent à la même tête, à cause des points de repère, il a formulé nettement son avis, qui, d'ailleurs, est en conformité avec celui de son collègue.

Je n'ai été nullement étonné que ces deux vrais savants aient rejeté les absurdes exagérations de la phrénologie déréglée, mais ils ont admis, comme l'écrivain de ce travail, l'influence mutuelle de l'âme et de son corps. Le premier avait remarqué la compression des régions temporales et l'abaissement du front, le second a fait la même remarque et a particulièrement observé le rétrécissement du lobe frontal et le développement de la région cérébrale postérieure. Or, sans généraliser l'influence de ces deux régions sur nos facultés, — et c'est là que l'exagération serait blâmable, — l'expérience admet que l'exiguïté de la région frontale indiquerait une intelligence assez limitée, et que le développement de la région postérieure indiquerait la délicatesse du cœur. Cette observation, encore une fois, Messieurs, doit être sobrement admise, car mes deux savants m'ont cité, l'un, le crâne d'une idiote étudié dans la clinique du docteur Dubois, à Paris ; il portait 90 degrés d'angle facial, c'est-à-dire l'ampleur de *Jupiter tonnant*, une des plus belles statues de la Grèce ; le second m'a cité le crâne de Gambetta, qui n'était pas un personnage ordinaire, et dont la tête contenait une cervelle petite.

Or, Messieurs, nous pouvons trouver, dans le crâne de Mme Guyon, l'application de cette loi de providence.

Mme Guyon était douée d'une âme sensible, d'un cœur ardent et délicat, mais pur et droit, et ses écrits sont effectivement empreints du besoin de jouir de la vraie bonté, de lui livrer ses affections, et Dieu étant seul cette bonté complète, elle s'est dirigée ardemment vers lui. Cela expliquerait le développement de la base de la tête.

Mais, en même temps, son intelligence, quoique n'étant pas vulgaire, n'était pas assez forte pour contenir l'ardeur, diriger les affections de son cœur; elle ne s'est pas suffisamment tenue en garde contre lui, elle n'a pas su discipliner ses mouvements, et cette indiscipline a été la cause de ses erreurs, fort regrettables, sans doute, quoique non criminelles. Cela expliquerait le rétrécissement des lobes frontaux et l'abaissement du front.

Le 9 juin 1717, Mme Guyon mourait à Blois, après une douloureuse maladie dans le cours de laquelle elle montra les plus touchants exemples de résignation et la douceur d'un ange (1), laissant un testament où se

____

(1) Lettre écrite de Blois, 16 juin 1717. — GUERRIER, p. 493.

trouvent les sentiments de la plus haute piété, de la soumission la plus absolue aux chefs de l'Église et la défense simple et grave de la pureté de son âme à toutes les époques. Elle fut ensevelie, suivant sa demande, dans le cloître des Récollets, et on plaça sur son tombeau une épitaphe gravée sur une plaque de cuivre carrée, et qui accompagne la tête. Cette épitaphe est évidemment l'œuvre d'une main amie ; on sent qu'elle est écrite sous l'inspiration de l'attachement pour une âme entièrement connue, car la vie de Mme Guyon y est parfaitement exprimée en quatorze phrases courtes, nettes, d'un latin peu correct, mais d'un assez bon style lapidaire. Il y est parlé de son ardent amour pour Dieu : *Divini amoris zelatrix martyr ;* de sa pureté de conduite : *Morum simplicitate ;* de sa grande place dans le monde : *Inclytam longe lateque notam ;* de la douceur et du calme de son âme au milieu de ses cruelles épreuves : *Animi suavitate, pace imperturbata.* L'épitaphe justifie bien ce que disent les auteurs contemporains, que Mme Guyon s'était attiré des amis fidèles qui, malgré tous les évènements de sa vie, avaient pieusement gardé sa mémoire (1).

En 1792, ainsi que je l'ai dit, le tombeau fut profané par les révolutionnaires, qui espéraient, à tort, y trouver des lames de plomb ; l'épitaphe fut jetée au

____

(1) GUERRIER, p. 493.

loin et recueillie pour la famille de Guercheville, qui l'a donnée à M. Desparins, comme je l'ai raconté.

Son séjour à Blois durant onze années avait, au reste, mis en relief ce qu'il y avait de précieuses qualités dans Mme Guyon ; elle fit éclater sa patience au milieu de continuelles infirmités, son amour pour les pauvres, la candeur de sa religion et son éloignement pour les voies extraordinaires de la piété ; ou elle se taisait sur ceux qui l'avaient, il faut le dire, si durement persécutée, ou elle les excusait en disant qu'ils avaient cru bien agir (1). « Elle se renferma dans le silence, rapporte Dangeau dans son journal, et l'évêque de Blois était fort content d'elle (2). »

Je ne crois donc pas, Messieurs, avoir écouté une pensée irréfléchie en ouvrant les salles de notre Musée historique au placement et à la conservation de la tête de Mme Guyon ; j'ai voulu, tout à la fois, rendre à notre Orléanais, pure et digne de nous, la mémoire de cette compatriote et la défendre contre les calomnies coupables et les mépris injustes dont elle a été l'objet. Entre elle et Molinos, Lacombe, Poret et Bourignon, il y a tout un abîme qu'elle n'a jamais franchi ; elle a donc mérité de tenir une grande place dans le XVIIe siècle, et c'est à juste titre que son nom, uni indissolublement à ceux de Bossuet et de Fénelon,

(1) La Blotterie, lettre 1re, p. 16. — GUERRIER, p. 491.
(2) DANGEAU, t. XVII, p. 106.

occupait et occupe encore non pas seulement l'attention de la France, mais de l'Allemagne, la Hollande, la Suisse, l'Angleterre. Théologiens, philosophes, littérateurs, historiens, ont étudié et continuent à étudier cette femme remarquable dont, encore une fois, le défaut réel — qu'il serait blâmable de dissimuler — est d'avoir parlé et écrit sur Dieu et l'âme sans l'exactitude nécessaire du langage théologique ; elle a voulu, comme l'infortuné Icare, monter sans guide dans les régions du soleil éternel, et, comme lui, elle est tombée dans cette entreprise au-dessus de ses forces. Elle n'en restera pas moins intelligente, pure, irréprochable dans son âme.

Notre collègue, dans son remarquable travail, auquel je suis heureux de rendre ici un hommage réfléchi que d'autres auraient dû lui rendre avant moi, pour ses savantes recherches, ses graves et délicates discussions durant cinq cent quinze pages, a dit « que Mme Guyon n'était ni extravagante, ni illuminée, qu'elle fut une femme dans l'état mystique. » C'est vrai ; mais nous dirons, encore avec M. Guerrier, qu'il faut séparer avec fermeté le faux mysticisme de celui qui est vrai et par conséquent admissible. Quand le mysticisme agit sagement, à la lumière certaine de la raison et de l'Église, c'est un état irrépréhensible, c'est le rapport naturel de l'âme avec Dieu, deux choses qu'il faut bien admettre avec leurs inévitables conséquences, ou il faut, bon gré mal gré, tomber dans la folie des négations ou les angoisses du scepticisme.

Un de nos plus grands orateurs, parce qu'il a su illuminer, avec son génie, les profondeurs du surnaturel et y conduire la raison devenue respectueuse et soumise, le Père Lacordaire, a dit : *Il n'y a rien de plus précieux que la mémoire des belles âmes* (1). Mme Guyon a été une de ces belles âmes. Je ne demande pas que Montargis, son berceau, lui érige une statue dont elle serait cependant plus digne que le fougueux tribun, sans conviction honnête, ayant usé ses forces, si grandes, à préparer les ruines de la France, trahi la cause qu'il avait défendue pour vendre sa conscience à celle qu'il avait combattue. Non, elle ne mérite pas cet insigne honneur ; mais elle ne mérite pas l'injuste flétrissure dont elle a quelquefois été l'objet, et en lui accordant le respect et l'estime, on ne fera que lui accorder ce que méritent la vertu, l'intelligence, la droiture et l'honnêteté. Ces qualités, Messieurs, ne sont pas assez communes pour que nous restions indifférents devant elles, et quand on les rencontre, il faut les saluer et louer hautement la mémoire de l'âme qui les a constamment pratiquées.

(1) *Pensées choisies du Père Lacordaire.*

ÉPITAPHE DE Mme GUYON

EXUVIAS HIC CONDI JUSSIT

NOBILIS MATRONA JOANNA MARIA BOUVIÈRE

DELAMOTTE, OLIM DESPONSA GENEROSO

VIRO JACOBO DE GUYON EQUITI

DIVINI AMORIS ZELATRIX MARTYR,

MORUM SIMPLICITATE, CRUCISQUE BAJULATIONE,

JESU INFANTI CRUCIFIXO ASSIMILATA,

SACRI SILENCII CULTRIX

VITÆQUE CUM CHRISTO ABSCONDITA. INCLYTAM

TAMEN REDDIDERE, LONGE LATEQUE NOTAM PURÆ

CARITATIS CAUSA, CRUENTÆQUE INSECTATIONES MIRA

ANIMI SUAVITATE, PACEQUE IMPERTURBATA

MILLE PERPESSA DOLORES

PLACIDE TANDEM IN CRUCE EXPIRAVIT IDIBUS JUNII 1717

« Noble dame Jeanne Marie Bouvière, veuve de noble homme Jacques de Guyon, chevalier, a voulu que son corps fût enseveli dans ce lieu. Elle fut la zélatrice et le martyr du divin amour, remarquable par la pureté de sa conduite, le portement de la croix, et la ressemblance avec Jésus enfant crucifié, qu'elle imita dans son divin silence. Sa vie fut cachée en Jésus-Christ, et cependant son pur amour de Dieu et de cruelles persécutions l'ont rendue célèbre et connue dans tout l'univers. Après avoir enduré mille douleurs avec une douceur merveilleuse et une paix inaltérable, elle expira tranquillement sur la croix le 9 juin 1717. »